رَبْطةُ شَعـر

قصص قصيرة

سراب غانم

رَبْطةُ شَعَر

قصص قصيرة

إصدارات دائرة الثقافة، حكومة الشارقة 2024م

الناشر: دائرة الثقافة ـ حكومة الشارقة ـ الإمارات العربية المتحدة

الهاتف: 5123333 6 971+

البرَّاق: 5123303 6 971+

الموقع الإليكتروني: www.sdc.gov.ae

البريد الإليكتروني: sdc@sdc.gov.ae

تصميم الغلاف: ضياء الدين الدوش

————

813.01

غ س. ر   غانم، سراب

ربطة شعر/ سراب غانم.ـ الشارقة، الإمارات العربية المتحدة: دائرة الثقافة، 2024.

68 ص؛ 21X14 سم.

البحث الفائز بالمركز الثاني بجائزة الشارقة للإبداع العربي في مجال القصص، الإصدار الأول، الدورة 27، 2023.

1ـ القصص العربية القصيرة ـ سوريا

2ـ القصص العربية القصيرة

أ. العنوان

ب. جائزة الشارقة للإبداع العربي (27، 2023)

ISBN: 978-9948-762-867

قدمايَ لم تعودا صغيرتَين

لم يكن لينتبه إلى وجودي أحدٌ، ولا إلى الألم الحادِّ الذي يحرق قدميَّ، تحديداً عندما أرافق أمّي مكرهةً إلى زياراتها العائليّة، أو أثناء حضور صديقاتها والجارات.

مرَّة، لشدّة الضيق الذي انتابني بسبب صغر حجم حذائي، شعرتُ بالخجل والارتباك الشديدين حين انتبهتْ إحداهنّ صدفةً إلى وجودي وبدأت الأسئلة:

ـ ما اسمكِ يا صبيّة؟ كم أصبح عمرك؟

عرَتْ وجهي حينها حمرةٌ شديدةٌ حتى غدا مثل حبّة طماطم طازجة، والغصّة العالقة في حنجرتي، مَنعتْ صوتي من الخروج، فاكتفيتُ بالصمتِ ومسحِ العرق عن جبيني، وشعرتُ بالإحراج أكثر عندما انتهى الحديث بجملة:

ـ ما شاء الله، ابنتك لم تعد طفلة يا سعاد، وهذا الخجل من دواعي الأدب، ونعم التربية والله..

فابتسمتْ أمّي طبعاً برضا وفخرٍ بما صنعت يداها.

حينها، انتظرتُ بترقّبٍ أن تتحوّل الأنظار عنّي، فتذرّعتُ بالذهاب إلى الحمّام ومشيتُ بخطىً متثاقلة، ثمّ خلعتُ الحذاء لدقائقَ قليلةٍ كي أتنفّس الصعداء.

لطالما توسّلتُ إلى أمّي أن تترك لي خِيار انتقاء أحذيتي أثناء شرائها، لكنّها كانت توبّخني، مؤكّدةً أنّ كلّ ما تجلبه لي هو على مقاس رِجلي تماماً، وأنّها أعلم بما يناسب سنّي، فتبوء كلّ محاولاتي العنيدة بالفشل، وتنتهي باقتناء زوجٍ آخر جديدٍ ضيّق يسبّب لي الألم.

كنتُ أنتظر خروجها من المنزل، لأنتهز فرصة بقائي وحدي، فأذهب مسرعةً إلى خزانة أحذيتها، أنتقي ما يعجبني منها، أرتديها أمام مرآة طولانيّة في غرفة نومها، أشعر أنّها على مقاس قدميَّ تماماً، أتباهى بمشيتي وأتمايل بغرور وأنا أطقطق بكعبها العالي.

في المدرسة، كنتُ أخلع حذائي تحت المقعد وأنا جالسة، لأحرّر ألمي قليلاً دون أن أثير انتباه أحد، ولم أكن أكترث لوَشوَشات بعض الزميلات وسخريتهنّ عندما يلاحظنَ ذلك.

أصبح نظري تدريجيّاً لا يعلو عن الأرض. أقضي معظم شرودي أراقب الأقدام التي تسير أمامي، أتأمّل أحجام وأشكال الأحذية وألوانها، وكلّ هاجسي سؤال يتكرّر دائماً في رأسي: هل حذاء هذا الشخص على مقاس قدمه أم لا؟

في تلك المرحلة، كنتُ أعود بنصف ابتسامة إلى البيت، لانتصاري الجزئيّ بخلعه تحت مقعد الدراسة.

لكنّي عندما كَبِرتُ وأصبحت في المرحلة الجامعيّة، تجرّأتُ أكثر، فلم أكتفِ بخلعه تحت المقعد دون إثارة الانتباه، بل حرّرتُ نفسي من لحظة خروجي من باب المنزل. خلعتُه أمام الملأ؛ في الشوارع، على الأرصفة، في الحدائق، أطلتُ طريق الذهاب والعودة من كلّيّتي وأنا حافية، انتقيت أناساً يشبهونني، خلعنا أحذيتنا معاً، غنّينا على الطرقات بأعلى أصواتنا، تحرّرنا من سلاسل أثقلت رؤوسنا قبل أقدامنا، فشعرنا أننا بخفّة الريشة.

مع مرور الوقت؛ وكثرة المشي حافية، لاحظتُ أنّ قدميَّ استطالتا حتّى أخذتا شكل قدمَيْ أرنب. بدأتُ أقفز، خطواتي اتّسعت وتسارعت أكثر، لدرجة أنّي انتبهت لجسدي يعلو قليلاً عن الأرض. أحببت أرنباً يشبهني، قفزنا في الحدائق العامّة فوق العشب، بين الشجر، غير آبهين بنظرات الضيق ممّن حولنا، ولا للشتائم التي يقذفنا بها المارّة.

بعد مدّةٍ انتبهتُ إلى زوائدَ جلديّةٍ بدأتْ تنمو فوق كتفيَّ، كانت تشبه الزعانف، نبتتْ بسرعةٍ غير مألوفة، وبزمنٍ قصيرٍ أخذتُ شكل جناحين يغطّيهما ريشٌ أبيض كثيف. رفعتُ يديَّ إلى جانبيَّ بطريقة مستقيمة، ورفرَفتُ بهما، فارتفعتُ عن الأرض وبدأتُ أطير، طرتُ بعيداً جدّاً حتّى شعرتُ أنّي ألامس السماء.

لكنّي كنتُ عندما أعود إلى البيت، أقوم بارتداء حذائي الضيّق جدّاً عند عتبة المنزل، وأخبّئ أجنحتي بصعوبة بالغة تحت ثيابي السميكة، ثمّ أدخل غرفتي ألازمها طوال الوقت ولا أخرج منها إلّا للضرورة القصوى.

بقيتُ على هذه الحال إلى أن جاء ذلك اليوم الذي اكتشفَ فيه والداي سرّي، وذلك إثر وشاية من أحدهم، أخبرهما أنّه لمحني أقفزُ كالأرنب في الخارج، وأنّه أيضاً رآني بأمِّ عينه أطير. فكان من غضبهما أن زجّا بي في منزل أوّل رجل طرق بابهما.

وهَأَنَا الآن من داخل قوقعتي القاسية، قدماي تؤلمانني كثيراً، أمدُّ رأسي بخوف كبير، أحدّق بِحيرة وحزن بعينَيَ ابنتي التي تكبر أمامي وتفتحُ باب خزانتي، ثمّ تقوم بارتداء أحذيتي الضيّقة ذات الكعب العالي وتقول لي بفرح طفوليّ:

ـ قدمايَ لم تعودا صغيرتين يا أمِّي.

وجُوه

أربعة، ثلاثة، اثنان، واحد، أكشن...

هَأَنَا أمام مشهدٍ آخر..

وكالعادة فتحتُ الدَّرج، في آخر خطوة قبل الخروج بعد أن جهّزتُ نفسي طبعاً.. ملابس أنيقة، مكياج خفيف، تسريحة بسيطة تناسب مقابلة عمل للتوظيف في شركة كبيرة.

نظرتُ بدقّةٍ إلى الوجوه داخل الدَّرج وفكّرتُ في الأنسب.

"الثقة"، نعم قناع الثقة، هذا ما أحتاجه اليوم، يجب عليّ أن أكون على درجةٍ عاليةٍ من الثقة بالنفس والحضور اللافت، كي أضمن قبولي في هذا العمل.

وضعتُ القناع على وجهي، قمتُ بتثبيت أطرافه جيداً وانطلقتُ نحو مشهد آخر من مشاهد هذه الحياة، كانت النتائج كما تمنّيتُ، فهذه الأقنعة لم تخيّب ظنّي يوماً، كسبتُ عملاً جديداً بأجرٍ جيّدٍ أكثر من عملي القديم ودون أيّة خسائر.

حقيقةً كان هذا القناع هو الأكثر استخداماً من غيره، ربّما

لأنّني تعبثُ في حياكته وصنعتُه بإتقانٍ شديدٍ، حيثُ استهلك منّي وقتاً أطول وجهداً أكثر بعدَ قناع "القوّة"، الذي كان هو المسؤول الأكبر في تحمّل المشقّات التي مررتُ بها في بلادٍ غريبةٍ، لا أعرف فيها أحداً.

أتذكّرُ آخر مرةٍ استخدمتُه، كانت منذ أسبوعين أو أكثر، حين حاول بعض الأشخاص اقتحام الغرفة التي أسكنها، وذلك أثناء غياب أصحاب المنزل، كنتُ وحدي، شعرتُ حينها بضوضاء غريبة، فقد قام أحدُهم بخلع الباب ظنّاً منهُ بعد مراقبة خروج الجميع إلى العمل، أنّ المنزل أصبح خالياً تماماً، كنتُ أنا في غرفةٍ صغيرةٍ تبعد عن الصالة مسافة خمس غرف مؤجَّرة، اخترتُ هذا المكان لأسكن فيه، كي لا أشعر بالوحدة تماماً، التزمتُ كامل هدوئي وأنا أسمع تلك الأصوات والطقطقات الغريبة، ثمّ ـبدون أن أظهر أيّة ردّة فعلٍ تفضح شعور الضعف في داخلي ـ أقفلتُ باب غرفتي بهدوء شديد، أمسكتُ هاتفي المحمول واتّصلتُ بالشرطة، بقيتُ على حالتي هذه حتى قُضي الأمر ومرّ بسلام، والفضل كلّه يعود لـ"وجه القوّة" الذي أنقذني حينها، كما فعل في مشاهدَ كثيرةٍ مررتُ بها من قبلُ، وتحديداً خلال السنوات الأولى من مجيئي إلى هنا، دون أن يسمح لضعفي أن يهزمني، فيجعلني أكسبُ وأخرج من المشاهد كلّها بأقلّ الخسائر الممكنة.

بدأتْ حكايتي مع هذه الأقنعة منذ تسع سنوات، حين كنتُ في التاسعة والعشرين من عمري، بعد أنْ سقطَتْ قذيفةٌ على منزلنا

وأدّت إلى تحطيم جزء كبير منه، كان هذا الجزء هو غرفة نوم أبي وأمي، وكان أخي الصغير الوحيد نائماً بينهما لينامو ا جميعهم نومتهم الأبديّة. ذلك التفجير الذي هدَّ بصوته رأسي وبوَقعِه الكبير؛ كلَّ أحلامي، وأوّل تلك الأحلام هو أن أعيش تحت جناح عائلةٍ في منزلٍ صغيرٍ دافئ، بحضن وطن كبير.

بعد تلك الفاجعة قرّرتُ أن أسافر بعيداً، فقد أصبحتُ وحيدةً تماماً، ولأنّني بقيتُ على قيد الحياة وقيد البحث عن الأمل، كان قناع "الأمان" هو أوّل قناع أصنعه في رحلتي الجديدة المليئة بالخوف، انتهيتُ من صنعه ووضعتُه في دُرجٍ وهميٍّ ثابتٍ في مخيّلتي يرافقني أينما ذهبتُ. ارتديتُ قناع الأمان طويلاً وتجاوزتُ معه خوفي الدفين من مشاهدَ وأحداثٍ جديدةٍ، تسلّحتُ به لأخرج من كلّ معركة أخوضها مع نفسي منتصرةً، ليمتلئ الدّرج الوهميُّ بالكثير من الوجوه والأقنعة تدريجيّاً، بعد كلّ مشهدٍ أحتاج فيه ألّا أكون أنا، كي أنجوَ ولو بوجهٍ مزيّفٍ لا يشبهني ولا يعكس حقيقة ما أنا عليه. لا يهمّ! المهمّ ألّا أفقد الأمل، هذا "الأمل" الذي حكتُ له على وجه الخصوص قناعاً سميكاً، كي لا يهترئ أو يشفّ عن يأسٍ وإحباطٍ في كلّ مرّة أفشل فيها، أتذكّرُ آخرَ مرّةٍ استخدمتُه فيها، كانتْ بعد صدور نتائج مسابقة أدبيّة شاركتُ فيها عدّة مرّات، لكنّني رغم الإحباط في كلّ مرّةٍ، لم أيأس وما زلتُ أحاول حتّى الآن. الفكرةُ من هذا الأمر أن لا أستسلم، وأن أكسب أملاً جديداً. مِن هذا الأمل صنعتُ باقي الوجوه، لأخوض بها كلّ مشاهد الحياة بخطىً ثابتةٍ، فكانت

كلّ الأقنعة: قناع "الثقة"، قناع "القوّة"، قناع "الأمان"، قناع "التفاؤل"، قناع "الحياة"، قناع "الابتسامة"، قناع "الجرأة"، قناع "العقل" وقناع "الحكمة".

لكنّني حين وقعتُ في الحبّ، سقطتْ منّي كلّ الأقنعة، نسيتُ أمرَ الدُّرج والعدِّ التنازليّ قبل بداية المشهد، سلّمتُ وجهي الحقيقيّ لهُ فخسرتُ كلّ شيء.

ربطةُ شعر

كنتُ في التاسعة من عمري حين شُدَّ أوَّلُ وثاق على شَعري، يسحب رأسي الصغير إلى الوراء بكلّ ما يحمله من أفكار، وبإحكامٍ مُوجِع، ظنّاً منهم أنّ التربية الصالحة تبدأ من هذه التسريحَة التي ورِثوا اقتراف فنونها بعناية شديدة.

كانت الربطة تُشَدُّ بقوّة على شعري كلّما كبرت أكثر، ومع مرور الوقت اعتدتُ عليها، بصفتها أحد أبرز ملامحي، لدرجة أنّني أصبحت أتفقّدها في كلّ مرّةٍ أخرج فيها من المنزل، لأتأكّد من ثباتها جيّداً في رأسي، فأُحكِم شدَّها بكلتا يديَّ كي لا أغضبهم.

في سنوات المدرسة كنتُ أخاف كثيراً حين يعترض طريقي أحدٌ ما، فأمشي بأقصى سرعة كي أهرب منه، مرّةً تعفَّرتُ بغبار ساحة المدرسة، وذلك بعد عراك مع زميلي في الصفّ، لقيامه برسم قلب وسهم فوق مقعدي قاصداً مغازلتي، فأوسعتُه ضرباً ظنّاً منّي أنّي بهذا أحمي شراع مركبي من أي ثقب، يحول دون توجيه الرياح له بالاتّجاه الصحيح.

عندما دخلتُ الجامعة تعرّفتُ على شابٍّ وسيمٍ ظلّ يلاحقني

مدّة طويلة، شعرتُ بشيء غريب تجاهه وتبدّد جزءٌ كبيرٌ من مخاوفي، لم أفكّر في صدِّه حين اقترب منّي وهمس في أذني بكلمات حبٍّ لم أسمعها من قبل، لم أهرب، ابتسمتُ له ابتسامة خجولة فقام بتمرير أصابعه على شعري بطريقة عجيبة، ثمّ اقتلع الربطة المحفورة بين خصلاته التي انسدلت فوق أكتافي كنهرٍ عاد لجريانه، اعترتْني رعشةٌ غريبة، توقّف ألم رأسي فجأةً، انتفضتْ روحي نشوةً ففُتِحت أبواب أفكاري المرصودة منذ أعوام.

عدتُ بعدها إلى المنزل.. رآني أبي بشعري المفرود فزوّجني، أمّا أخي الغاضب فقد قام حينَها بقصِّ شعري الطويل لتجعل منه أمّي حشوةً لوسادة.

أنا الآن في سجن آخرَ، لا يختلف عن سابقه بشيءٍ، سوى أنّي حين حاولتُ التكلُّم رُبِطَ لساني، وكلّما شعرتُ بحاجةٍ إلى أن أفتح فمي لأنطق، أشدُّ شعري بكلّ قوّةٍ.. وأصرخ.

رسائل لن تصل

لا أذكرُ كم من الوقت مضى وأنا هنا.. ساعات.. أسبوع.. شهر.. سنة.. لا أعلم!

كلّ ما أذكره وأنا أرفع رأسي الثقيل، كهذا الحجر؛ وأتأمّل هاتفي المحمول في يدي، منتظرةً أن يظهر اسمُك على شاشته؛ أنّي اتّصلتُ بك عشرات المرّات وهاتفك مغلق..

تعلم جيّداً أنّ ردّة فعلٍ كهذه تثير استفزازي كثيراً، وماذا يعني أن أعارض رأيك وأقابل شخصاً تحتجّ على وجوده في حياتي؟ هو صديقي، ثمّ إنّ بيني وبينه مشروعاً مشتركاً، وأظنّ أنّي أخبرتُكَ بذلك مسبقاً، هل تكرار ما يحدث بيننا هو مسألة عدم ثقة أم ماذا؟!

لا تقُلْ لي إنّها "غيرة" لأنّك في الواقع تجاوزتَ الشّكَّ بمراحل متقدّمة، ليست المرّة الأولى الّتي نختلف فيها حول تفاصيل كهذه، فخلافاتنا كثرتْ وكثرتْ معها مشكلاتٌ يجب أن نضع لها حدّاً بأقصى سرعة. الجدالات نفسها والانفعالات وموجات الغضب تتكرّر في كلّ مرّةٍ، على الأسباب نفسها، من

خروجي مع أصدقائي وشكل ملابسي؛ ممّا أقول؛ ممّا أفعل؛ ممّا لا أفعل، تتصاعد بيننا وتيرة الغضب تدريجيّاً ثمّ بعدها تبدأ المشاكل بالتصاعد أيضاً، حتّى صمتي أصبح يثير غضبك، فلا أدري ما سأفعل بعد الآن وما فائدة هذه الرسائل التي أرسلها أصلاً؟ كلّ ما أفكر به في هذه اللّحظة، هو أن تفتحَ هاتفك وتردّ على اتّصالاتي ورسائلي، فمن غير اللائق أن تقفله في وجهي هكذا فجأة، دون أن تقول كلمة واحدة، على الأقلّ واجهني! اسألني فأنا أملك أجوبة لكلّ أسئلتك؛ صدّقني! وإن لم تُصدّق فعلى الأقلّ اعلَمْ بأنّي لم أتقصّد أبداً إثارة غضبك، هل تنكر أنّني تغيّرتُ في الكثير من التفاصيل؟! تعرف جيّداً أنّني تغيّرتُ ليس من أجلك فقط بل بقناعةٍ تامّةٍ منّي، ألا يُرضيك هذا؟! أم إنّنا هكذا ببساطة؛ في لحظةٍ واحدةٍ نمحو من ذاكرتنا كلّ اللّفتات الجميلة ولا نُبقي إلّا على تلك التفاصيل الموجعة!

ما يهمُّني الآن هو أن تتوقّف عن هذه اللّعبة السخيفة، ما هذا الّذي تفعله؟ هل هي مزحة؟ تدّعي اللّامبالاة وتُغلق جوّالك كلّ ذلك الوقت! أظنّ أنّ هذا ليس وقت المزاح أبداً، ربّما تريد أن تثبت لي أنّ موقفك هذه المرّة أكثر حدّةً من ذي قبل، وإن يكُنْ هذا هدفك فلا تبالغْ إلى هذا الحدّ ولا تتّبعْ أساليبَ جديدةً لا تشبهك! فأنت بهذا تُظهر لي سهولة استغنائك وغيابك، وهذا يعني لي الكثير، على العموم لن أصدّقك، نعم لن أصدّقك، سأفترض أنّني ارتكبتُ خطأ بسيطاً كغيره من الأخطاء، وقد نلت عقاباً شديداً، هذا كلُّ ما في الأمر..

أووووف! أيُّ لؤمٍ أوصلك إلى كلّ هذا الجفاء والبرود، متى تغيّرتَ؟ لِمَ لَمْ أشعر بهذا من قبل؟ ساعاتٌ وساعاتٌ وربّما أيّامٌ وأنا متسمرّةٌ أمام هاتفي أنتظر فقط أن يظهر اسمُك وأردّ، أيُّ كابوسٍ بحقّي عليك أعيشه الآن بسببك؟ ولِمَ تفعل بي كلَّ ذلك؟

خارج التغطية.. خارج التغطية..

أحسنت، تعلم جيّداً كيف تستفزّني وتثير جنوني، هل أنت سعيدٌ الآن؟ إذنْ بدأتَ بأساليبَ جديدةٍ لإثارة غضبي أكثر!

أتعلمُ، عندما ستتّصل بي لن أجيب، أو سأجيبُ ثمّ أغلق الهاتف في وجهك، كي تشعر بما أشعر به الآن، أو ربّما الأفضل أن أفجّر بركان غضبي وأصرخ وأشتم، ثمّ أقول لك وداعاً وأنهي كلّ شيءٍ بيننا، نعم حينها سأشعر بالراحة أكثر..

أعدك بأنك حين تقرأ رسائلي هذه، ستطلب منّي السماح ولن أسامحك بسهولة.

هل نسيتَ أنّنا أبناء حارةٍ واحدة، كبرنا معاً، لعبنا بالتّراب معاً وبنينا قصوراً وأحلاماً، ضحكنا وبكينا ثمّ وقعنا في الحبّ، فهل تدرك أيّة درجة تصل إليها معرفة بعضنا لبعض؟

نعم أنا أعرفك جيّداً حين تقرّر أن تدير ظهرك وتغيب "ستفاجئني"، لطالما قلتَ ذلكَ، ولكنْ.. هل كنتَ تقصد أنّك ستذهب بهذه الطريقة اللّئيمة فجأةً، ودون أيّ مقدّمات! تغلق هاتفَك وتغيب؟!

بالمناسبة.. هذا لا يليق بقصّتنا أبداً، ألا ترى ذلك؟ أم إنّك أصبحتَ تستطيع العيش من دوني؟ من دوننا؟! هل كنتُ أنا ضحيّة كلامِكَ عن الحبّ كلَّ تلك السّنين؟! هل أدركتَ مؤخّراً حقيقة أنّك لا تحبّني؟

لا! لا أظنُّ، فرغم الكثير من الخلافات الّتي كانت أعظم من خلافنا الأخير هذا؛ كان الحبّ دائماً هو المنتصر، لا أذكر أنّ خلافاً وقع بيننا، استمرّ أكثر من ساعة، لكنْ ماذا يحدث الآن؟ الوقت يمضي ويمضي والساعة أصبحتْ ساعاتٍ وأيّاماً وربّما أسابيعَ، هل لهذه الدرجة لم أعُدْ أُطاق؟ صدَقَ من قال "إنّ الكراهية هي أعلى درجات الحبّ" كيف استطعتَ ذلك؟ هل أنتَ بخير؟ إن كنتَ كذلك فأنا لستُ بخيرٍ أبداً، أين عفوُ الأبِ الّذي كنتُ أراه في عينيك؟ أين حبُّكَ، ضعفكَ أمام إلحاحي واعتذاري أو حتّى نظراتي؟ حسناً! إن كنتَ تلقّنُني درساً فأنا الآن تلقّنتُ درساً قاسياً لن أنساه مدى الحياة، كنتَ قاسياً فعلاً ولكنّي سأسامحك، أعدكَ أني -حين تتّصل بي "وأنا واثقة من أنّك ستفعل"- سأنسى كلّ شيءٍ مضى، وكلّ الخلافات، سأتذكّر شيئاً واحداً فقط، أنّنا سنكمل معاً مهما حصل. أعدك أني لن أغضب هذه المرّة ولن أقول لك كلاماً جارحاً رغم قسوة موقفك، سنتحدّث كثيراً بهدوءٍ وسنجد حلولاً لكلّ مشكلاتنا، سنمضي معاً لنهاية الطريق، سأقول لك: كم أحبّك...! وسأُصلح كلّ ما تحطّم بيننا، سأحدّثك عن الورود والفرح الآتي، عن العائلة وأطفالنا القادمين، سأقول لك كلَّ ما كنتُ أبخل عليك بقوله "كما كنت

تتّهمُني دائماً" سأمسك بيدك ونطير معاً كعصفورينِ لنا السّماء بوسعها، لن أنظر إلى الوراء؛ أعدك، سأحدّثك عن كلّ ما كنتُ أتخيّلُه وأحلم به، لن أصمت بعد الآن ولن أغضب، سأثرثر كثيراً عن الحبّ، عن الفرح، عن الجمال الّذي يليق بنا، عن ضحكاتٍ كثيرةٍ كنتَ سببَها، عن أحلامنا وآمالنا ومستقبلنا، عن الغد الجميل والأمان والسلام والخلود، عن العشق الأبديّ، عن آدمَ وحوّاءَ فينا وكيف سنبدأ معاً، عن بداياتٍ بلا نهايات، وعن نهاياتٍ هي بداياتٌ لكلّ ما هو جميل، عن.. وعن.. وعن...

لكنْ، افتح هاتفك قليلاً أرجوك! فهناك الكثير ممّا أودُّ قولَهُ.

سأقول لك إنّكَ بغيابك "فاجأتَني" فعلاً وإنّ هذه المزحة ثقيلةٌ جدّاً وقد طالت كثيراً، فأنا لا أذكر فعلاً كم من الوقت مضى وأنا هنا.. ساعات.. أسبوع.. شهر... سنة.. أرفع رأسي الثقيل عن هذا الحجر القاسي، أتأمّلُ اسمكَ العريضَ المرسومَ على شاهدِهِ، وبيدي هاتفي المحمول.. أنتظر....

جريمةٌ كاملة

خفتُ كثيراً عندما رأيتُ الدِّماء تسيل من بين أصابع يدِي وتملأ المكان، رميتُ السِّكّين بارتباك على الأرض ورحتُ أبحث بأنفاسٍ مرتجفة عن مكان لإخفاء تلك الجريمة اللعينة.

في الواقع، لم تكُن أوّل مرّة أحمل فيها سكّيناً، لكنّها المرّة الأولى التي بلغتُ فيها حدَّ القتل.

جثّةٌ مقطّعةٌ إلى أشلاء أمامي، لم تشفعْ لها صرخاتُها وتوسُّلاتها من طعنات سكّيني الحادّة. خوفُها والدَّم المتدفّق بغزارة، كانا يشعرانني باللَّذّة ويخمدان بركاني المشتعل غيرةً وحقداً.

بكلّ ما أوتيتُ من غضب الأنثى المضطرب في داخلي، طعنتُ فخذها المتوهّج، وطعنتُ صدرها الورديّ.

لم أكتفِ باستخدام السكّين، بل قمتُ بتمزيق أحشائها بكلتا يديَّ بوحشيّةٍ صارخة، وأنا أتخيّل جسدَه العاري، وتأوّهاتها الملعونة تخنق بضبابها أنفاسي.

يدٌ هنا، ويد هناك، صدر مجزّأً، أحشاء مفرّغة، ودمٌ يلوّن المكان.

نعم.. أشعر الآن أنّي بحالٍ أفضل.

جلستُ على الأرض في الزاوية، أتأمّل المجزرة التي ارتكبتُها بخبثٍ كئيب، أشعلتُ سيجارة بعد أن غطّيت أصابعي التي تنزف بمناديل ورقية كانت أمامي. بدأتُ أعدُّ خيباتي غيمةً غيمة.

أتذكّر نصائح صديقتي المتكرّرة حول الحفاظ على بيتي وأسرتي، وأنّ ما يحدث دائماً ليس إلّا نزواتٍ عابرة.

مع آخر نفَسٍ من سيجارتي استشعرتُ طعم الدّم على فمي فتذكّرتُ الجثّة، آه! يجب أن أخفي آثار الجريمة الآن.

هرعتُ لتنظيف المكان من الدماء بسرعة، لملمتُ أجزاء الجثّة، وضعتُها على الرَّفِّ كيفما تيسّر ريثما أنتهي من تنظيف الأرض أوّلاً.

نظرتُ إلى ساعة الحائط المعلّقة أمامي.. يا إلهي! يجب أن أسرع، لم يبقَ وقت طويل لقدومه.

لقد طُعِنتُ في كبريائي وأنوثتي، فالخيانة جعلتْني أتحوّل من امرأةٍ بكامل غرورها إلى كائنٍ ضعيفٍ ممزّقٍ من الداخل.

مسحتُ دموعي التي انهالت على وجهي الشاحب وأنا أفكّرُ بكبريائي الّذي جُرِحَ وأنوثتي الّتي طُعِنَتْ. لبستُ قناع الابتسامة وعدتُ إلى أجزاء الدجاجة المقطّعة، التي لطالما تمنّيتُ لو أنّها جسد تلك المرأة لأقدّمه قرباناً لقلبي الممزّق، بدلاً من طبق الدجاج المحمّر هذا.

وِزرٌ أقبحُ من ذنب

أووف..

ما هذه الأحلام الغريبة؟!

ماذا لو رأى أحدٌ في نومه عنكبوتاً ضخمة، ضخمة جدّاً، تمدّ أيدِيها العشرة؛ لا ربّما أكثر بكثير، على وجهه، وتخيط شباكها بلا رحمة، محاولة تغيير ملامحها بطريقة واخزة.

استيقظتُ، وقفتُ أمام المرآة، رأيت أنّ ملامحي قد تغيّرت فعلاً، عيناي ليستا في مكانهما المعتاد، فمي متورّم قليلاً، أذناي قد اختفتا تماماً، ورأيتُ الكثير من الخيوط.. لكنْ.. ماذا عن جمجمتي المكسورة؟! هنالك خيوط كثيرة نُسِجَت داخلها أيضاً!

آه، يا لهُ من حلم مزعج!

أسعفني ما تبقّى من عقلي للتخلّص منها حين رأيت سكّيناً حادّة بجانب المرآة، بدأتُ أقصّ الخيوط المتراكمة على وجهي بصعوبة بالغة، متى كانت خيوط العنكبوت قاسية إلى هذه الدرجة!

ماذا يحدث؟ دماء تسيل من رأسي ووجهي، كلّما قصصتُ

واحداً نزفتُ دماً لزجاً، لكنْ لا لون له!

هل كان حُلماً؟!

عندما استيقظتُ، رأيتُ السكّين على سريري والدم الغريب اللزج الذي لا لون له، يملأ المكان.

حاولت النوم ثانية فراودني حلم أكثر غرابة، هذه المرّة كان أخطبوطاً ضخماً بحجم إنسان، صرختُ بشدّة حين رأيته، أوّل مرّة في حياتي أرى أخطبوطاً بهذا الحجم، له أيدٍ أكثر من المألوف بكثير، كان سريعاً بالتباسه جسدي، الذي بدأ يتمزّق ويحترق، يكبِّل يديّ ورِجليَّ، أحاول الإفلات منه فتخونُني القوّة، ألجأ للصّراخ فيختفي صوتي.

لا لا إنّه كابوس، كابوسٌ بشعٌ جدّاً ومقزّز، لم يكتفِ هذا الأخطبوط اللّعين بتكبيلي ومنعي من الحركة، بل غيَّر ملامح جسدي أيضاً، كلّما تذكّرتُ كيفية انتزاعه لقلبي بقوّة، وقضمه بشراهة؛ أشعر بالإعياء، والدّم يسيل من بين أصابعه غير آبهٍ بصرخاتي وتوسّلاتي.

هذه المرّة عندما استيقظتُ رأيتُ يديّ قد استطالتا جدّاً، وبدأتْ أيدٍ أخرى كثيرة النموّ من أماكن متعدّدة من جسدي بسرعةٍ غير معهودةٍ وخفّةٍ عالية، كم كان مريباً لدرجة أنّني ظننتُه أقسى كابوس قد أعيشه.

قبل أن أغمضَ عينيَّ كان جسدُ الوحش العنكبوت (الأخطبوط) ينقضُّ عليَّ بكلّ شراسةٍ وعنف ليبدأ وليمته اليوميّة بيدين

مخيفتين، تتجهزّان لنهش لحمي الغضّ، أقع ضحيّةً بين مخالب رجل زفّني أهلي إلى جحيمه عنوةً، ليغسلوا عاراً ظنّوا أنه قد يلحق بهم لأنّني أحببت.

لستُ بخير

حرفيّاً -وبهذه البساطة، وبكلّ ما يحمل المعنى من حزنٍ- (لستُ بخير)، ولا أدري كيف سأشرح ذلك كلّه بنصٍّ أو ببضعة سطورٍ أختصر فيها كلّ ارتباكي.

أشعر وكأنّي معلّقةٌ بين السّماء والأرض، لا قدرة لي على أن أطير، ولا قدماي تستطيعان ملامسة الأرض أو السقوط حتّى.

من مكاني الضبابيّ هذا أتخبّط، أتخبّط فقط.

كلّما باغتتني هذا الشعور الكئيب، أتذكّر حادثةً قديمةً ومؤلمة، مؤلمةً على قلب طفلةٍ لمْ تتجاوز سنواتِها العشْرَةَ بعدُ.

كان ذلك في القرية، وتحديداً في بيت جدّي الذي أتانا ذات يومٍ حاملاً بيديه قفصاً، وداخل القفص يوجد عصفور صغير، صغير لدرجة أنّه لا يكاد يقوى على قفزات قصيرة جدّاً، لا يكاد يعلُو عن الأرض.

شعور الفرح الذي انتابني حينها، كان أكبر من مساحة قلبي بسنين، ومن فرط حبّي لهذا الكائن الضعيف، كنتُ أعتني به،

وأبالغ في هذا إلى حدِّ الهوس، كأنْ أضع فُتات الطعام والبذور بأنواعها على طرف سبّابتي لأطعمه، وبدلاً من الماء كنتُ أحياناً أسكب قطرات من عصير الجزر، كي أستمتع بمسحة اللون البرتقاليّ الجميل الذي يمتزج مع لونه الرماديّ، كنتُ أغنّي له وأزقزق وأمسّد رأسه الصغير كي ينام.

بعد مرور عدّة أيّام، تملَّكني شعورٌ مُلِحٌّ وإصرارٌ غريبٌ في داخلي بأنَّ هذا العصفور يجب أن يطير، فقرّرتُ بلا ترددٍ أن أعلِّمه الطيران.

من دون انتباه أحد، أتيتُ بخيطٍ طويلٍ وثخين، أخرجتُه من قفصه وحملتُه بحنوٍّ بباطن كفّي.

لا أنسى ملمس جسده الطريِّ على يدي، وكيف ارتجفَ حينها وتسارعتْ دقّات قلبه الصغير، فقلتُ له لأزيح عنه الخوف: هيّا يا صغيري! لقد كبِرْتَ وآن الأوان كي أعلّمك الطيران.

ربطتُ طرف الخيط حول قدمه، وعقدتُ الطرف الآخر بإحكامٍ حول سبّابتي، صعدتُ إلى السطح ووقفتُ على حافّة سورهِ، ثمّ دفعتُ بجسده الغضِّ نحو الأسفل، رحتُ بحركاتٍ عشوائيّةٍ متتاليةٍ وسريعة، أحرّك يدي مرّة للأعلى ومرّة للأسفل، إلى اليمين ثمّ إلى اليسار وأنا أضحك بأعلى صوتي، أنظر إلى جسده يتخبّط أمامي وجناحاه يضربان الهواء ويصفّقان بشكل هستيريّ، والريش يتطاير منهما عالياً، فأشعر بالفرح والنشوة أكثر.

تعلو أصوات ضحكاتي أكثر فأكثر، ظنّاً منّي أنّه بهذا بدأ

أولى خطواته في التحليق، إلى أن توقّفتُ عن الضحك فجأةً حين انتبهتُ إلى جموده.

سحبتُ الخيط نحوي، أمسكتُه بيديّ وبكيتُ بخوفٍ شديدٍ عندما رأيتُ أنّه تحوّل إلى قطعة خشبية، كم شعرتُ بالندم والذنب لأنّي تسبّبتُ في قتله.

كبِرتُ؛ وإلى الآن أبكي بحرقة وندم كلّما تذكّرتُه.

كبِرتُ، وما زلتُ كلّما ضاق بي الفرح، أصعد إلى السطح وأربط قدمي بطرف خيط ثخين، أتأمّل قلبي أمامي، وكيفية تخبّطه في مكانه، وعلى الطرف المقابل أرى الحياة كاملةً تعقد حول سبّابتها طرف الخيط، وتضحك بشكل هستيريّ عليه وعلى رقصه المجنون.

كبِرتُ يا عصفوري الصغير! كبِرتُ كثيراً لكنّني لمْ أتعلّمْ منك حتّى الآن الكيفية التي أدافع بها عن نفسي بالموت.

هذَيان

- وماذا تعني حبّةُ التوتِ المرسومةُ على هذه القصاصة النقديّة؟

- أوف، وهل نسيتِ رمزَ حبّنا أيضاً؟! (الشجرة التي كنّا نعلّق على أطرافها أحلامنا لتُنبِتَ لنا حبّات توت) كم تغيّرتِ!

- عمَّ تتحدّث؟ يبدو أنّك أفرطتَ في الشُّرب.

ارتبكتُ، ابتلعتُ ريقي ثلاث مرّاتٍ ومسحتُ قطراتِ عرقٍ باردةً سالت من جبيني. نهضتُ من جانبها وجلستُ على الأريكة المقابلة للسرير:

- آسف، لم أقصد، أردتُ فقط أن أقول لكِ شكراً، كنتُ أجرّب أن أقدّم لكِ ذكرى لا أكثر، ولتكُنْ نصفَ ورقةٍ نقديّة عليها اسمي واسمُك.. قلبٌ كبير، بعض التواريخ، تاريخ لقائنا الأوّل، قبلتنا الأولى، ميلادي أو ميلادك، رائحة كفّي مع العطر الذي تحبّين، ضحكتك المجنونة، طريقٌ طويلٌ وشجرة توت.

- هههه، لكنّي لم أولد في سبتمبر! خذ هذه السيجارة يبدو أنّ أعصابَك متعبة.

- لا لا، أنا فقط أردتُ أن أقول إنكِ كنتِ جميلةً اليوم! وأصابعك خدّرت كلّ جزء لامستْه من جسدي، يبدو أنّكِ أصبحتِ تعرفين تماماً الكيفية التي تثيرين بها جنونه، كنتِ مدهشةً حقّاً.

- اليوم؟!.. أصبحتِ تعرفين!. إنّها المرّة الأولى التي أراكَ فيها.

- ندى! لا تقولي شيئاً، المهمّ أنّكِ الآن هنا بين يديّ بعد عشرة أعوام من انتظارك، من رحيلكِ المفاجئ، زواجِكِ وإنجابك أبناءً غير أبناء التوت.

- للمرّة العاشرة أقول لك: أنا لا أحبّ التوت، ثمّ مَن ندى؟ وما المكتوب هنا أسفل الورقة؟ دخان، تفجير، صراخ...

- أرجوكِ، اقبلي منّي هذه الهديّة، ولتكُنْ نصف ورقة نقديّة عليها تاريخ غيابك، دخانٌ كثيف، شوارع فارغة، حدائق مهجورة، غيمٌ أسود، موتٌ وعويل.

- ماذا تعني بكلّ هذه التفاصيل؟

- الحرب التي سرقتكِ منّي، شارع العشّاق تحت بيتك الذي تهدّم، أطفال تحت الأنقاض، وأنتِ، ألا تذكرين؟

وضَعَتِ الورقة على كرسيٍّ بجانب السرير، نظرَتْ إليَّ بشفقة، طبَعَتْ على جبيني قبلةً طويلة، مسحَتْ دموعي بيديها ثمّ رحلَتْ.

حبلُ غسيل

على الأريكة.. أشربُ فنجان قهوتي الصباحيّ، أتأمَّلُ ملابسَ تتدلّى من حبل الغسيل على الشُّرفة أمامي، أراقبُ كيفية مداعبةِ الهواء لها بخفّةٍ (سراويله، حمَّالات صدري الملوّنة، جوارب طويلة، أثواب نومٍ شفّافة، والكثير من الساتان)!

فجأةً! أخذ الهواء يشتدُّ كالعاصفة، وبسرعةٍ خاطفةٍ قمتُ بإزالتها والتقاطها قبل أن تسحبها الرّيح، دخلتُ غرفةَ الجلوس، أغلقتُ باب الشُّرفة خلفي وأخذتُ نفَساً طويلاً كأنّني استيقظتُ من كابوس، رتّبتُ الملابس ووضعتُها في مكانها ثمّ بدأتُ أفكر.. ماذا سأفعل اليوم؟ لديَّ كثيرٌ من الوقت قبل أن يأتي زوجي من عمله، حسناً! سأقوم بتغييراتٍ في ديكور المنزل، سأقلبُ غرفة الجلوس رأساً على عقب، بمَ سأبدأ؟ سأبدأُ بالكرسيّ الهزّاز، فمكانه ليس مناسباً هنا، سأزيحه وأضعه هناك قبالة التلفاز.. الأريكة الحمراء، أعتقد أنّها بجانب المكتبة ستكون أجمل، نعم! فأنا أقضي معظم وقتي في المطالعة، وهذه الأريكة تحديداً مريحةٌ للجلوس الطويل، لكنْ! المكتبة أوّلاً، سأغيّر مكان المكتبة، تلك الزاوية قبالة الشّرفة

مساحتها أوسع، كما أنّ الشّمس تدخل إليها مباشرةً باتّجاه الكتب وهذا جيّد، فهي قديمةٌ جدّاً وأخشى أن يأكلها العثّ.

والآن، لم يبقَ أمامي إلّا ترتيبُ هذه اللّوحات.. لوحاتي، فمكانها ليس على الأرض إطلاقاً، لكلّ رسمةٍ ذكرى تروي تفاصيل حياتي، أتذكّر منذُ أكثر من عشر سنواتٍ حين رسمتُ هذه اللوحة (امرأة عارية بجناحين كبيرين مطويّين داخل قفص).

مسحتُ دموعي ثمّ ثقبتُ ثقباً في الحائط الكبير وعلّقتُها، أمسكتُ باقي لوحاتي دفعةً واحدة، وكالمجنونة بدأتُ بفتح ثقوبٍ كثيرةٍ على الحيطان كلّها، وزّعتُها واحدةً تِلوَ أخرى وذاكرتي تدقُّ مساميرها في رأسي كلّما تأمّلتُ إحداها (طفلٌ صغيرٌ يرضعُ من ثدي أمّه، رجلٌ يعانق امرأةً بشغف، وآخر تنام على صدره حسناء جميلة، نساءٌ بأنصاف وجوه، أخريات بلا قلب، ورودٌ ذابلة، أطفالٌ يضحكون ونساء يتأمّلن أجسادهنّ أمام المرايا...) أووف! مَن يطرق الباب بصخبٍ في مثل هذا الوقت؟! مَن هذا الضّيفُ المزعج؟! هذا ليس وقت الزيارات ثمّ إنّني لم أُنهِ عملي بعد.

هرعتُ لفتح الباب، وإذ بجارتي (صديقتي الوحيدة) تدخل بثياب نومها، تعانقني بقوّةٍ وتبكي، أمسكَتْ وجهي بين يديها، تأمّلَتْه بارتباكٍ وخوفٍ ثمّ قالتْ بصوتٍ مرتجف: هل أنتِ بخير؟ لمَ تفعلين هذا بنفسك؟!

تهزّ رأسي وكأنّها توقظني من غيبوبةٍ وتصرخ: كوني بخير، انظري إلى شحوب وجهك! إلى عينيك المتعبتَين، ألا تنامين؟ ثمّ

لمَ ترمين أشياءك من الشّرفةِ هكذا؟ هل جننتِ؟! الكتب، اللوحات (لوحاتك التي تعشقين) هل نسيتِ أنّ رسومك عُرِضتْ في أهمّ المعارض؟! وأنّها نالتْ إعجاب الكثيرين، هل نسيتِ؟

أسندَتْ جسدي المنهَك على الأريكة قبالةَ الشّرفة، وهي تكمل حديثَها المتكرّر حول نجاحاتي، حول الحياة التي تستحقّ أن نعيشها وإنْ كبِرنا في السّنّ، وحول عدم أهمّيّة الزواج في حياة المرأة.. وأنا من مكاني أتأمّل ثوب نومي الشفّافَ وحيداً على الشّرفة، يتدلّى من حبل الغسيل، يداعب الهواءُ خِفّته بعد أن هدأتْ في رأسي تلك العاصفة.

متلازمة استوكهولم

كان ينقُرُ رأسي بقوّةٍ موجعةٍ، ذلك الطائرُ الغريب الذي هو على هيئة كائنٍ بشريٍّ لكنْ بجناحين كبيرين ومخالبَ طويلة، على مدى أكثر من خمسة أعوام كان يبني عشّه على غصن شجرةٍ قشّةً قشّةً، يقتلعها من جذور رأسي، يحملها في مقدّمة منقاره ويذهب بها لاستكمال العشّ.

الغريب في الأمر أنّ الشَّعرَ على رأسي لم ينقصْ على الرغم من اقتلاعه آلاف الشعرات في كلّ مرّة بل على العكس تماماً، كان كلّما اقتلع واحدةً نبتتْ مكانها مئاتٌ من الزغب، الّذي يستطيل بزمنٍ قصيرٍ جدّاً؛ ويقوى بسرعة مدهشة.

ذلك الرجل المجنون كان له قدرةٌ عجيبةٌ على قنص النساء، اللواتي ما إن يقَعن بين مخالبه؛ حتى تتحوّل قلوبهنّ إلى أعواد قشٍّ، وأجسادهنّ إلى أجساد طيور ضعيفة.

هو كائن مريض، غريب الهيئة والأطوار وبلا قلب، يهوى الصيد والافتراس وتجميع الضحايا لتحويلها إلى كائنات صغيرةٍ، يستطيع بذلك امتلاكها بسهولة والتحكّم بها كما يشاء، وأحياناً قتْلَها.

كانت له أساليب مريبة في إيقاعها: كأنْ يحتلّها مثلاً بكلامه الغريب ونظراته الغامضة المثيرة مثل إبرة تخدير، فتجد نفسها من دون أن تشعر واقعةً في بحر عميق، وهو ينظر إليها من مكانه العالي، تصرخ مستنجدةً كي ينقذها، لكنّه ينتظر حتى تغرق وقبل أن تموت بقليل؛ قبل أن تلفظ أنفاسها الأخيرة، يُخرجها، يحييها من جديد لتقع في نهاية الأمر ضحيّةً عاشقةً لجلادها وترى فيه القاتل الأمين، بالتالي لا يمكنها التخلّي عنه أبداً.

وبأسلوبٍ آخر، يتحايل على ضحيّته بإغوائه الماكر، يقطفها بيديه الحنونتين فتميل عليه بنداها وعطرها وتغفو بين كفّيه، وما إن تشعر بالعطش حتى يدير لها ظهره، ويستلذّ بمنظر ذبولها وضعفها كلّما ابتعد عنها أكثر، لينتهي بها الأمر يابسةً بلا لونٍ ولا رائحة، مرميّةً داخل كأسٍ فارغة أو مقتولةً ومقطّعةَ الأجزاء بين صفحات كتابٍ ما.

وفي مرّاتٍ عديدة، ما إن تقع الضحيّة في قبضته حتى تتحوّل إلى عصفورة صغيرة، يقوم بنتف ريشها كلّما نبَت، وحين يتأكّد من عجزها تماماً، يضعها على غصن تلك الشجرة لتغرّد بحزنها حتى تفارق الحياة، وإلى جانبها طيورٌ كثيرةٌ بلا ألسنة، بلا أجنحة، بلا ريش، بلا أحلام، يقتلها الجوع والعطش والصّمت والخوف.

أمّا بالنسبة لي، فبعد سنواتٍ من محاولاته إيقاعي في شِباكه؛ لا أنكر أنّي وقعتُ في البداية ضحيّةً كغيري من النساء وأنّه فاز بقلبي، لكنّي قبل أن أغرق وقبل أن أفقد جناحيَّ، استعدتُ قوّتي، حاولتُ الابتعاد رغم أساليبه الماكرة في جذبي والسيطرة عليَّ،

فتحوّل حينها إلى طيرٍ كبيرٍ مخيف، يبني عشّاً ضخماً له على غصن تلك الشجرة، يبنيه من شعر رأسي بعد فشله في تحويل قلبي إلى أعوادٍ من القشّ، لكنّ الشعر على رأسي كان يتزايد أكثر وأكثر، لم أستسلم له، وقع هو ضحيّةً في شِباكي، فكسرتُ حينها كلّ النوافذ وهربتُ وطرتُ بعيداً.

كنتُ كلّما مررتُ بجانب تلك الشجرة، أرى مجموعةً من الطيور الصغيرة الضعيفة، وطائراً كبيراً غريب الهيئة يصنع من خصلات شعري ضفائرَ متدلّيةً كثمارٍ ناضجةٍ، يُعلّقُ نهاياتِها بشرائطَ ملوّنةٍ، يَكتبُ عليها الكثيرَ من الأمنيات والأحلام، الّتي كانت تَسقط حجَراً حجراً في قاع نهرٍ، تعبث باتّجاهه الرياح فيتوه مجراه.

ذاكرةٌ انفعاليّة

هي نصفُ ساعةٍ فقط وربما أقلّ، أتذكّر فيها تفاصيل حياتي وأنا أرخي رأسي الثقيل على المخدّة، أتهيّأ لنومٍ هادئٍ محاولةً دسَّ ابتساماتٍ كثيرةٍ في مخيّلتي، لأضمن على أكثُر تقدير أحلاماً سعيدةً، وعلى أقلّه أحلاماً خالية من الكوابيس.

أتذكّر أنَّ قدومي للحياة ارتبط بفاجعة فقدان والدي، فكانت صرختي الأولى تلازمني في كلّ مرحلة من مراحل حياتي بفاجعةٍ جديدة، منذ أوّل خطوة عرجاء خطوتُها بقدمٍ تنقص نصف سنتيمترٍ عن قدمي الأخرى، وعندما دخلتُ المَدرسة، أرادت أمّي تصحيح هذا التشوّه فباعتْ منزلنا لإجراء عملٍ جراحيّ، لكنْ بخطأٍ طبّيّ أضاف الأطبّاءُ إلى ألمي النفسيّ مشكلةً رافقتْني بقيّة حياتي.

في السنة الأولى من المعهد، قبل الامتحان النصفيّ، فُجعتُ بفقدان والدتي أيضاً، فصار لزاماً عليَّ أن أبحث عن مصدر رزقٍ، وبعد بحثٍ طويلٍ حصلتُ على عقد عملٍ في شركةٍ مهمّة، ظننتُ أنّ الحياة بدأت تضحك في وجهي وأنّي سأبدأ معها صفحةً

جديدةً متجاوزةً كلَّ الفواجع السابقة، لكنّها لم تكن سوى مرحلةٍ جديدةٍ من مراحل مأساتي الّتي أخذتْ تتزايد أكثر، تحديداً حينَ تزوّجتُ.

منذ ليلتنا الأولى لم يناديني باسمي (حياة) بل استبدل به ألقاباً مهينةً مثل (أم رِجل ونص، أم عرجة...)، حتّى حَملي (حلم كلّ أنثى) ضمّه إلى فجائع حياتي لأصبح أنا المسؤولة عن منزلٍ وطفلةٍ ورجُلٍ.. لا ليس رجُلاً بل ذكَراً، منذ لحظة اكتشافي أنّ زواجه بي لم يكن بدافع الحبّ؛ إنّما كان طمعاً بمرتّبي العالي.

أتأخّر بشكلٍ شبه يوميٍّ بحجّة زحمة السير، والسبب الحقيقيّ يعود لنهوضي الكسول وقلّة رغبتي في الذهاب إلى العمل، فأنظر إلى مديري بخجلٍ وأبتسم.

بدأ النّعاس يتسلَّلُ إلى عينَيَّ، أطلقتُ زفرةً طويلةً أزحتُ بها خوفاً خرجَ بهدوءٍ من داخل صدري، الذي ضاق من مشهد حادث سير حصل أمامي منذ يومين على الطريق السريع، وارتحتُ لفكرة أنّي تابعتُ طريقي بعدها متجاوزةً حدثاً لم يكن سابقاً، ليمرّ بهذه البساطة، دون أن يترك على ملامحي أثراً قد يبلغ في كثير من الأحيان حدَّ المرض.

أبتسم.. كيف استطعتُ في أكثر من مرَّةٍ سدَّ ثقوبٍ في ذاكرتي بحزمة أملٍ، كلّما أعلَنَتْ وفاءها للاحتفاظ بصورٍ ومشاهدَ مؤلمةٍ، تكرّرها أمامي في أيّ وقت تشاء، وكأنّها تحدث الآن!

لم أكن أتخيّل أن يتحوّل مشهد امتحان قبولي في المعهد العالي

للفنون المسرحيّة، الذي كان عن الذاكرة الانفعاليّة، إلى مشاهد تتكرّر في تفاصيلي اليوميّة على خشبة هذه الحياة.

كنتُ سأصبح هكذا فعلاً، والابتسامة على وجهي ستصبح أوسع كلّما قال لي أحدٌ:

- وجهكِ يدعو للتفاؤل..

والنصف ساعة سيبقى نصفاً لذاكرة تتجهّز لأحلام جميلة، لولا أنّني أتذكّر جيّداً كيفية انهياري باكيةً في نهاية كلّ يومٍ، وأنا أصرخ كثيراً بخوف مخنوقٍ كلّما حاولتُ إقناع طفلتي الحَزينة أنّ الخدش الذي أصاب لعبتها الصغيرة ليس نهاية العالم.

ظرفٌ عامّ

أدرتُ المفتاحَ في ثقب الباب فسقطَ على الأرض ظرفٌ أبيض، دفَعتُه بقدمي إلى الداخل وأغلقتُ الباب خلفي.

جلستُ على أريكةٍ قريبةٍ وأنا أفتح الظرف: خيراً إن شاء الله! ما الذي بداخله يا ترى؟ هل هي مكافأةٌ مادّيّةٌ من الشركة على نجاح مشروعي، أم تبليغٌ بمخالفةٍ كبيرةٍ قام بها زوجي؟ أو ربّما كانت دعوةً لمناسبة خاصّة؟ أو أو أو...

آه! يبدو أنّها رسالة، لكن ممّن؟ من صديقٍ أراد مفاجأتنا مثلاً؟ حسناً لنرَ!

"عزيزتي! طالما أنّ الرسالة وصلتكِ، أرجو أن تقرئي جيّداً كلّ كلمةٍ فيها لأنّها ستكون آخر محاولةٍ منّي لشرح كل ما كان بيننا، وما سيكون".

إنّها من عادل؟

"مضتْ سنواتٌ عديدةٌ على زواجنا، كان للحبّ فيها النصيب الأكبر رغم خلافاتنا شبه اليوميّة على تفاصيلَ كثيرة، كنّا نقول

في نهايتها: إنّ حبّنا أكبر، أنا من كنتُ أقولها دائماً كي أنهي أيّ خلافٍ حتّى لو لم أكن أنا المسبِّب، تعلمين طبعاً لِمَ أفعل هذا وتستغلّين السبب في كلّ مرّةٍ تخطئين فيها، ببساطة لأنّك تراهنين على حبّي لكِ، منذ لحظة لقائنا الأوّل عند باب المكتبةِ الكبيرة في الشارع المقابل لمنزلك، وإلى الآن تعلمين أنّ شعوري لم يتغيّر".

المكتبة الكبيرة؟ أوف! هل نسيتَ يا عادل أين التقينا أوّل مرّة؟ صحيحٌ أنّي كنتُ أذهب إلى مكتبةٍ في شارع منزلنا، لكنّه ليس عنوان لقائنا الأوّل، أيُعقل أن تنسى تفصيلاً مهمّاً كهذا في حياتنا؟

"أعترف أنّي مؤخّراً أصبحتُ بمزاج سيّئٍ جدّاً وحادَّ الطِّباع، لم أعُدْ كسابق عهدي، الرجل الهادئ اللطيف المتسامح الذي يقدّم الاعتذارات دائماً، بغضّ النظر عمّنْ منّا المُذنب، أعترف أنّي صرت أتجنّب رؤيتك كي لا نتواجه، فأهرب خارج المنزل بحثاً عن سعادةٍ ما".

لِمَ هذه الرسالة الآن؟ إلى أين تريد أن تصل، وما الذي تنوي قوله؟

"لنتفقّ بدايةً أنّي أحببتُكِ أكثر ممّا أحببتِني بكثير، هذا واضحٌ جدّاً، انظري حولك! ستلاحظين ذلك ببساطةٍ شديدة، من تفاصيل حياتنا الّتي رسمتِها كما تريدين، كما تُفضّلين أن تكون، بدءاً من أبسط الأشياء وانتهاءً بأهمّها (مواعيد طعامنا، أنواعه، هيئة حياتنا، شكل أطباقنا، أثاث المنزل، أصدقاؤنا، شكل التواصل مع أقاربنا والأهل، حتّى فيما يخصّ علاقتنا الزوجيّة، أنتِ

التي تُحدّدين متى وكيف، ولطالما وصل بك الأمر أن تلغي هذا التفصيل من حياتنا). كنتِ تفعلين كلّ ما تريدين، دون أن تهتمّي ولو مرّةٍ واحدةٍ بما أريده أنا".

لمَ تُذكّرُني بكلّ هذا؟ لمَ كتبتَ ذلك أصلاً؟ ما الذي لا تستطيع قوله وجهاً لوجه؟ لمَ اخترتَ هذه الطريقة؟ ليست من عادتك أصلاً!

"لطالما فكّرتُ وسألتُ نفسي: هل يمكن أن تكوني نادمةً على قرار زواجنا؟ خاصّةً أنّنا استعجلنا باتّخاذه كثيراً، هل كان ارتباطُنا بعد زمنٍ قصيرٍ من تعارفِنا تهوّراً؟

نعم! أظنّ أنّه لم يكن كافياً أن أحبّكِ وأن تجدي فيَّ الرجل المناسب الذي سيلبّي كلّ احتياجاتك ومطالبك، كان يجب علينا أن نفكّر كثيراً قبل تلك الخطوة".

ربّااه.. هل تَرى حبّنا الذي دام أكثر من سنتين ارتباطاً سريعاً؟

"لم أكذبْ عليكِ ولو مرّةً في كلّ تلك السنوات، لذا سأبوح لكِ بما أشعر به بصراحة، أنا لم أعُدْ أحبُّكِ كما كنتُ سابقاً، أرجو أن تتفهّمي هذا، أشعر أنّي بحاجةٍ إلى حُبّ آخر، إلى امرأةٍ أخرى، إلى حياةٍ أخرى لا تشبه حياتنا معاً".

ماذا تقول؟! أهذا اعترافٌ بالخيانة أم ماذا؟ اعترف، اعترف!.. يا إلهي صبّر قلبي على ما تحمله هذه الرسالةُ لي من مفاجآت، رَنّ جرسُ الباب، نظرتُ نظرةً سريعةً من العين الساحرة، رأيتُ رجلاً غريباً يتلفّتُ يميناً ويساراً، وكأنّه يبحث عن شيءٍ أضاعه، تركتُه في ضياعه وعدتُ لتلك اللعنة التي بين يديَّ.

"من حقّي أن أمنح نفسي حياةً جديدة، أن أمنح قلبي حبّاً جديداً، أن أعيش تفاصيل حياة زوجيّةٍ كما أرغب أنا، لذا يجب أن تساعديني في ذلك".

ماذا؟ أساعدك؟ بِمَ سأساعدك؟ تقول إنّك تبحث عن امرأةٍ أُخرى يا حقير، وتريد مساعدتي؟ بأيّ حقٍّ تفعل بي هذا وأنا التي أضعتُ خمس سنواتٍ من عمري معك؟ أهذا ما أستحقّهُ عليك يا خائن؟ لن أسامحك أبداً.

"لقد كنتِ أنانيّةً جدّاً خلال حياتنا معاً، منذ بداية زواجنا لم تفكّري إلّا بنفسك، تعاليْ لنتذكّر معاً.. قلتِ إنّك ترغبين في العمل خارج المنزل، لأنّكِ امرأةٌ حرّةٌ ومستقلّة مع أنّنا لا نحتاج إلى ذلك، فأنا ألبّي بكلّ حبٍّ كلَّ ما تطلبين.. كنتِ تعيشين حياةً لا تشبه حياة امرأةٍ متزوّجة، في غيابكِ المتكرّر بين العمل والتسوّق والأصدقاء.. لا تفضّلين الخروج معي، والأكثر غرابةً على الإطلاق هو رفضُك إنجابَ أطفالٍ وتكوينَ أسرةٍ، كي لا تتحوّلي إلى امرأةٍ تقليديّةٍ (مشوّهة) كما تقولين، كي لا تخسري استقلاليّتكِ وحرّيّتكِ التي تعشقين، صداقاتك، عملك، وسهراتك اليوميّة والتسوّق... بالمقابل، تتذمّرين من فنجان قهوةٍ قد أطلبُ أن تصنعيه لأجلي".

هل أنا بشعةٌ إلى هذا الحدّ يا عادل؟! أم أنّك تُبرّر فِعلتَك بلومي وتحميلي مسؤوليّة خيانتك؟ ربّما كنتُ كما تقول، ولكنّ هذا لا يبرّر لك إطلاقاً.

"لا أدري كيف سيكون وقع كلماتي الأخيرة في نفسك، أنا مدركٌ تماماً أنّكِ لن تتحمّلي فكرة أن أتّخذ أيّ قرارٍ يخصّنا وحدي، ليس من باب التمسُّك طبعاً بل لأني أعلم تماماً أنّك ترين في ذلك تقليلاً من شأنك وكرامتك وشخصيّتك المسيطرة، لكنْ صدّقيني! لم يعُد لديَّ خيارٌ آخر، فقد استنزفتُ كل الوسائل والطرق المباشرة وغير المباشرة، كي أُصحّح أخطاءك وأقرّب وجهات النظر فيما بيننا، تمنّيتُ ولو مرّةً واحدةً أن تتخلّي قليلاً عن نرجسيّتكِ، وأن تصغي إليَّ، لكنْ دون جدوى، لذا لم أجد إلّا هذه الوسيلة، أكتب لكِ كلّ ما أردتُ قولَه في كل تلك السنين، دون أن يقاطعني أحد، وكي أشعر أنّك تُصغين إليّ لأوّل مرّةٍ دون أن تصفقي الباب في وجهي وتخرجي، وأنّي أضعك أمام نفسك كما أنت تماماً، بأخطائك الكثيرة وأنانيّتكِ ولامبالاتكِ وعدم احترامك لي، آسف لم أعد قادراً على تحمُّل كل هذا، وأعلم أنّني سأجرح كبرياءك بما سأقول".

ماذا ستقول بعدُ يا عادل؟ أشعر بأنّ قلبي سيتوقّف، لم أعُد أقوى على قراءة المزيد.

"أريد حياةً طبيعيّةً أكثر، أريد امرأةً تحبّني وتحترمني من دون أن تشعر أنّ هذا انتقاصٌ منها، أريد عائلةً جميلة، أريد إنجابَ أطفالٍ من أمٍّ تدرك جيّداً معنى الأمومة، أنا تقليديٌّ ومُمِلّ، أليس هذا ماكنتِ تقولينه عنّي رغم كلّ محاولاتي كي أكون كما تريدين تماماً؟ لذا عذراً على كلّ ما مضى، وعلى الآن وعلى القادم، عذراً لعجزي عن تحمُّل هذه المعاناة لآخر العمر، عذراً

من دموعك التي لا أدري إن كانت ستسقط على غيابي أم على كبريائك، لن تري وجهي بعد الآن، منذ هذه اللحظة لم تعودي زوجتي، أنتِ طالق، طالق، طالق".

ماذا؟ تجمّدتُ مكاني، لا يتحرك لي جفن، أحاول حمل جسدي المثقل وبين يديَّ المرتجفتين تلك الورقة، وقفتُ بصعوبةٍ أمام المرآة، نظرتُ إلى وجهي الّذي فقد كلّ ملامحه، توقّف الزمن، بركانُ غضبٍ يثور داخلي، شريط حياتي يمرّ أمامي مشهداً وراء مشهد، وبجنونٍ هستيريّ حطّمتُ المرآة أمامي وأنا أصرخ بصوتٍ عالٍ:

- هذا جزاء اختياري لرجلٍ تقليديٍّ سخيفٍ مثلك، كنتُ أعلم أنّه سينتهي الأمر بيننا، لكن ليس بهذه الطريقة، أنا من كان يجب أن أتركك أوّلاً، أعلم أنّكَ تريد امرأةً عاديّةً تقليديّة، تطبخ وتنهمك في أعمال المنزل كالخادمة، وتنجبُ لك عشرات الأطفال لتربّيهم، كنتُ أعلم أنّك لا تشبهني في شيء، أمسكتُ أصيص ورْدٍ أهداني إيّاه قبل يومين، ورميتُه بقوّةٍ وغضبٍ على الأرض، سأحطّم كلّ ما يُذكّرُني بك، سأمزّق كلّ قطعة ملابس اشتريتَها لي، سأحرق كلّ ما يربطني بك، سأشعل ناراً على ما أملكه منك، كلّ ما يحمل رائحتَك أو أثرَك أيّها السافل، وأوّلها هذه الرسالة الملعونة.

أتيتُ بولّاعة، وبدأتُ أشعلُ النار فيها من أوّل كلمة كي أنتشي برؤية الدخان يتصاعد منها سطراً سطراً، تأمّلتُ الكلمات وهي تتحوّل إلى رماد، وصرتُ أعيد بكلّ غلٍّ قراءتها مرّةً أخرى،

وأنا ألاحق الرماد الذي يحرقها، حتّى وصلتُ إلى آخر كلمة فيها.

لكن قبل أن تأكل النارُ جملةً أخيرةً، لمْ أنتبه إليها سابقاً في القصاصة، أطفأتُ بسرعةٍ جريان الدخان، لأوقف اشتعالَ هامشٍ في أسفل الورقة على جهة اليسار، مكتوبٍ فيه بخطٍّ صغير:

طليقك.. طارق محمود

صدَقَ المنجّمون

لم تُفلِح تلك المهووسةُ بجمعِ الأحجارِ الكريمةِ في إيجاد تفسيرٍ لجملةٍ قديمةٍ خرجتْ من فم عرّافةٍ عجوز:

"إنَّ حجراً كريماً واحداً، حجراً واحداً فقط سيحقّق آخرَ أحلامك"

ومنذ ذلك اليوم، بدأَتْ تقتني كلَّ الأحجارِ التي تصادفها في حياتها، لم تجتهد كثيراً في حفظ أسمائها، وما إذا كانت تناسب طالعها الفلكيّ أو لا "كما يدّعي المنجّمون"، ولم تُفكّر في اختلاف أحجامها وأشكالها وألوانها، كانتْ فقط تُطلق على كلّ حجر تقْتنيه اسمَ (حلم) مراعيةً في تفاصيله ما يناسب شكل حلمها، لونَهُ، حجمَهُ، والتفصيلَ الأكثرَ دقّةً (مكانَ وضعِهِ)، فواحدٌ تضعه داخل كتابٍ تحبّهُ مثلاً، وآخرُ تحت الوسادة، أو على الرّفّ، وواحدٌ فوق الخزانة أو على شبّاك غرفتها، أو يمكن أن ترميه بكلّ قوّتها إلى الأعلى كي يعانق السماء مباشرة.

مرّةً، رأتْ حجراً أبيضَ أملسَ بحجم قبضة يدِها، أو بمعنى آخر بحجم قلبها، كان يشبه بشكله الهندسيّ خريطة الوطن، لذا قبّلتُهُ وضمّتْهُ إلى صدرها، ثمّ خبّأتُهُ داخل جارورٍ ملاصقٍ

لسريرها لعلَّ حلمها يتحقّق (وطنٌ آمنٌ بلا حروب، يعمّ فيه السلام ويستبدل بلونِه الأحمرَ هذَا البياضَ).

بعد أعوام رأتْ حجراً أزرقَ يلمع كالكريستال، يشوب حوافَّهُ المكسَّرةَ بياضٌ فيبدو بمظهره كبحرٍ تتلاطمُ أمواجُهُ، اقتنَتْهُ كحلم جميلٍ ساحرِ المظهر، ثمّ رمَتْهُ في قاع بئرٍ عميقةٍ، غيرَ آبهةٍ بصوت الصّدى البعيدِ المريب أثناءَ ارتطامِهِ بالقاع، ولا للتساؤلات الكثيرةِ التي تتردَّدُ في ذهنِها حول معاني الكوابيس المتكرّرةِ أثناء نومها، محاولةً إقناعَ نفسها أنّ للأحجار لغةً لا يفهمها البشرُ، وأنّ الأمنياتِ إن تزاحمتْ أرهقَتْ أحلامَنا.

مع مرور الوقت، لم تعُدْ تكترثُ بعدد الأحلام المقتناةِ في ذاكرتها، ولم يعُدْ يعنيها ثقلُ الأحجار داخل جواريرها المقفلة، فمنذ أن علَّقَتْ حلم (الهروب بالبحر) طوقَ نجاةٍ حول عنقِها، وهي تحاول أن تجد تفسيراً واحداً لرائحة الدم التي تفوح منه! وطعم الملح الذي يعلق على شفاهها كلّما شاهدتْ في التلفاز قارباً، وكلّما حاولَتْ فكَّهُ وخلعَهُ، اشتدَّ وتحوّلَ إلى حبلٍ مشنقة.

سرٌّ خارج اللَّوحة

مجنوووون!

من يظنّ نفسه ذلك المغرور؟ وماذا يقصد بهذه الهديّة؟!

أفهم، هو يحبُّ الرسم ويجيده أيضاً، لكنْ أن يهديني أنا لوحة كهذه..؟!

أتذكَّر أنه قبل يومين قال لي:

ـ سأهديكِ لوحة سأرسمها لكِ، لكِ أنتِ بالذات.

ابتسمتُ حينها بمكرٍ وأنا أسرَح بخيالي: ماذا ستكون.. وكم سأتلذَّذ بفكّ رموزها والتقاط الإشارات فيها، فهذا هو أسلوبه وتلك هي ألاعيبه المعروفة في الرسم..؟!

كنتُ جريئةً بخيالي بعض الشيء.. امرأة عارية مثلاً، إيحاءات، قلب كبير بين جناحين مثلاً؛ أو على الأقلّ ورود داخل مزهرية..؟!

لكن أن يكون هوَ..؟!

حسناً، هي في النهاية ليست إلا هديّة من رجلٍ يحاول إيقاعي

في شباكه، وإن كانت قد طعنتْ شيئاً ما في أنوثتي.

حملتُها وأسندتها على حائطٍ في غرفتي قبالة سريري تماماً، نظرتُ إلى وجهه، ابتسمتُ له فرَدَّ بابتسامةٍ خجولةٍ ماكرة.

خرجتُ من منزلي، وأنا في الطريق إلى مقرّ عملي في المدرسة قرّرت أن أتّصل به وأخبره أنّ الأمانة وصلت أو أن أبعث له رسالة شكر على الأقلّ، لكنَّ شيئاً ما منعني، غالباً هو أنّي يجب أن أقول له شيئاً قبل الشكر، كأن أقول مثلاً:

ـ لفت انتباهي وأدهشني كذا وكذا.. شكراً على هذه الهديّة الجميلة.

إلّا أنّي إلى الآن ليس لديّ ما أقوله حولها، بل ما زلتُ مصدومة. وجهُه؟! ما الشيفرة التي تكمن في لغزٍ كهذا أصلاً!

غيّرتُ رأيي وقرّرتُ تأجيل إرسال الرسالة لحين التقاطي إشارةً ما، فهي لعبة، وأنا الذكيّة اللمّاحة كما يقول.

عدت إلى البيت مساءً بعد يوم طويلٍ شاقٍّ من العمل والتسوّق. أخذتُ حمّاماً ساخناً، شعرتُ باسترخاء لذيذ، فتمدّدتُ على السرير، التقتْ عيناي بعينيه، ابتسمتُ له فردّ بابتسامته الماكرة نفسها.

بعد قليل..

شعرتُ بشيء يزحف تحت الغطاء. قلتُ في نفسي: ربّما أتخيّل، ومن دون أن أشعر زحفَت يداي للأعلى. شعرتُ بثقلٍ في

جسدي، همهمات لا أفهمها ورجفات قويّة متتالية.

نهضتُ بسرعة لأشرب قليلاً من الماء ثمّ شهقتُ بأعلى صوتي حين رأيت ثوب نومي ممزّقاً!

لا بدَّ أنّي أتخيّل! يبدو أنّ أعصابي متعبة اليوم، وربما بسبب ذلك الكافيين الذي تجرّعتُه بكثرة في الخارج.

عدت للنوم بعد أن شربتُ الماء وبدّلتُ ثوب نومي الممزّق، وقبل أن أغمض عينيّ انتبهت لشيء غريب.

اللّوحة!

كانت بيضاء تماماً! لا أثر لوجهه.

استيقظتُ صباح اليوم التالي، ثقلٌ وصداعٌ في رأسي. استرجعتُ ما حدث ليلاً فتذكّرت اللّوحة، وكمن يريد قنص المجرم متلبّساً بجرمه؛ نظرتُ إليها، رأيتُه، ابتسمتُ له فردّ بتلك الابتسامة. بالتأكيد كنتُ أهذي.

فكّرتُ أن أغيّر مكانها من باب الحياء والحيطة، فمن المُربِك جدّاً أن تُصوَّبَ عينا رجلٍ إليكِ مباشرةً تتأمّلانك وأنت نائمة.

بكلّ الأحوال سأغيّر مكانها.

سأضعها هنا عند الباب، لنرَ.. لا، لا، عيناه ما زالتا متّجهتين نحوي حين أنام.

عند باب الخزانة؟ هكذا يأتي اتّجاهها بجانب أسفل السرير فيختفي وجهه نوعاً ما. تأمّلت الوضعيّة جيّداً "أووه.." كأنّ عينيه

57

تحرّكتا من مكانهما باتّجاهي تماماً، تذكّرت نظرة الموناليزا، وضحكتُ..

عند المرآة ربّما أفضل.. نعم.. والآن؟! لا، المرآة وإن بُعَدَتْ فهي تعكس وجهه وعينيه بالتحديد في كلّ الاتجاهات.

أووف..

وراء الباب؟ لا. تحت السرير؟ لا لا، فوق الطاولة؟ على الأريكة؟ بسقف الخزانة؟ داخل الدرج؟ في الغرفة؟ خارج الغرفة؟ عند الشرفة؟ بين ملابسي؟ داخل الحمّام؟

ما الذي يحدث؟!

عيناه تريانني من كلّ مكان. ما هذا اللّغز؟ هل هذه هي اللّعبة! لا لن أقول له شكراً، لم يحن الوقت بعد.

استقرّ بي الأمر أن أضعها قبالتي تماماً، لا مفرَّ. ابتسمتُ له فردّ بابتسامةٍ ماكرةٍ جدّاً هذه المرّة. لا أدري كم من الوقت مضى حتّى استسلمتُ لكلّ ما يحدث. وماذا يعني أن أستيقظ كلّ يوم بثوب نوم ممزّق ثمّ أفتح عينيّ فلا أراه داخل اللّوحة؟ وما المشكلة في أن أرى بعض الأحيان تفاصيلَ جديدة مرسومةً عليها؟ كتاباً يسقط من يده مثلاً، ثلاث ورود حمراء تنام بين أصابعه وعلى طاولة غرفتي، خطوطاً تتشكّل اسمي، غيوماً تخرج من فمه، عطراً. أنا متأكّدة أنّها ممسوسة، لا يهمّ، المهمّ أنّنا اتّفقنا على أن ننهي اللّعبة وأنا قبلتُ الرهان.

اعتدتُ عليه في منزلي، مع قهوتي الصباحيّة، اعتدتُ أحاديثه الجريئة وكيف يسترق النظر إليَّ من ثقب الباب أثناء استحمامي، رأيه بالطعام الذي أعدّه لا سيّما صدور الدجاج المحمّرة- وتفاصيل أخرى كثيرة. لكن لا، لم يحن الوقت بعد، لم أدرك إلى الآن سرّ تلك الابتسامة الماكرة! من المؤكّد أنَّ اللّغز كلّه فيها.

أتتْ صديقتي فجأة إلى منزلي، بدأت باستجوابي عن سبب غيابي كلّ تلك المدّة. تحجّجتُ لها بانهماكي في العمل والتحضير لامتحانات الطلّاب. طبعاً لم تصدّقني لأنّها علمتُ من أصدقاء مشتركين زملاء لي في التدريس، أنّني منذ أسبوع تقريباً لم أذهب إلى المدرسة.

في أثناء توبيخها واستجوابها لي، خطر في بالي أن أدخل غرفتي دون أن تنتبه، وأضع غطاءً على وجهه قبل أن تراه. ماذا ستقول إن رأتْ وجه رجلٍ مرسوماً على خلفيّةٍ بيضاءَ في غرفتي؟ وكيف ستصدّق إن بحتُ لها بسرّه؟ حتماً ستقول إنّني مجنونة ثمّ إنّ بيني وبينه اتفاقاً على أن نبقي اللّعبة سرّاً وأنا لا أفشي الأسرار.

قبل أن أذهب لإخفائها بثوانٍ سألتْني بدهشة:

- ما تلك اللّوحة في غرفتك؟

رأتْها، بطبيعة الحال بيتي صغيرٌ ومن غرفة الجلوس تستطيع رؤية كلّ تفاصيله، وبصفتها صديقةً مقرّبةً جدّاً سيلفتُ انتباهها أيُّ تفصيل جديد حتّى لو من بعيد.

سبقَتني إلى الغرفة، لحقتُ بها بخوفٍ كمَن يحاول إخفاء فضيحة كُشفت.

جحظَتْ عيناها بشدّةٍ وفتحت فمها فتحة تكاد تتّسع لابتلاع ديناصورٍ بلقمةٍ واحدةٍ، ثمّ صرخَت بصوت عالٍ:

ـ ماااا هذه؟! من أهداك إيّاها؟! كم هي جميلة! أقسم لو أنّك لستِ أمامي الآن لظننتُ أن اللوحة ابتلعتْكِ، أووووه كم تشبهكِ!

وقفتُ في حالة صدمةٍ وذهول، فتحتُ هاتفي ثمّ أرسلتُ رسالةً قصيرة:

شكراً على هديّتك.

للخيال بابٌ آخر

الساعة الآن قارَبَتِ السّادسة صباحاً وما زال القلق اللّعين يأكل من رأسي، يطارد النّعاس ويتخبّط بأفكارٍ مجنونة وتناقضاتٍ، ما بين تفاصيلَ حدثت فعلاً وأخرى من صنع خياله بشخوصٍ وزمانٍ ومكانٍ وأحداثٍ، أكاد أجزم أنّها حدثت سابقاً في الماضي، أو أنّها تحدث الآن في الوقت الحاليّ.

قبل أن أستسلم فكّرتُ في كسر روتيني اليوميّ الذي ينتهي دائماً بخوفٍ مصحوبٍ بالتعب قبل النعاس بقليل، لننام نهاية الأمر (قلقي والخوف وأنا) مع رأسي المحشوّ بأحداثٍ لا أدرك هل حدثت فعلاً أم لا؟!

قرّرتُ قضاء الساعات الصباحيّة البطيئةِ خارج المنزل، علّي أجد حلاً لمشكلة التخبّط تلك، وضعتُ هاتفي المحمول على طاولة السرير ونهضتُ بنشاطٍ غير معهود، كأنّني نمتُ اللّيل بطوله، فتحتُ باب الخزانة وبدأت أقلّب ملابسي يميناً ويساراً أبحث عن شيءٍ مريحٍ أرتديه لهذه النزهة المبكّرة. لمحتُ أمامي تحديداً عند منتصف ظهر الخزانة، بقعة ضوءٍ غريبة، شهقتُ

من هول المفاجأة ثمّ قلت في نفسي: ربّما يُخيّلُ إليّ، فبعد فشل كلّ محاولات استحضار ملائكة النوم، ليس غريباً أن أتخيّل أشياء كهذه، إلّا أنّ البقعة بدأت تتّسع أكثر حتى أصبحت كبيرةً وواضحةً وضوحاً لا مجال للشكّ فيه.

فرَكتُ عينيَّ قليلاً، نظرتُ ثانيةً بدقّة أكثر، فعلاً حجم الضوء كان يزداد شيئاً فشيئاً، مددتُ يدي باتّجاهه لألمسه، فعلقتْ كفّي داخله حتّى أخذ بشكلٍ تدريجيٍ حجمَ الخزانة كلّها. لم أستطع مقاومة رغبتي القويّة في السير إلى الأمام نحوها، انحنيتُ قليلاً واخترقتُ الحفرة العجيبة، مشيتُ في طريق طويل، لا شيء يحيط بي إلّا ذاك الوهج ورصيفٌ أملس أمشي فوقه بقدمين حافيتين.

بدأ الضوء يختفي تدريجيّاً والمشهد على امتداد نظري بدا أكثر وضوحاً (بحيرةٌ كبيرة، مياه صافية، وشمسٌ تلمع فوق سطحها كلمعان الماس تحت الشمس).

مشيتُ باتّجاهها، جلستُ على التراب أمامها ومددتُ ساقيّ العاريتين إلى الماء، كان بارداً لدرجة أنِ اعترت جسدي قشعريرةٌ منعشةٌ مع نسمات الصبح العليل، استدركتُ للحظةٍ ما حدث وبدأتُ أسأل نفسي: ما الذي أتى بي إلى هنا؟ وما هذا الطريق المضيء الذي سلكتُه؟ ولمَ بقيتُ بثياب النوم؟

وبينما كنت غارقةً في تأمّلي رأيتُ كفَّ راحة عريضة تمتدّ لي، نظرتُ أمامي فإذا برجلٍ يقف بجانبي منحنياً، ينظر إليَّ ويبتسم، يخيّل إليَّ أنّي أعرف هذا الرجل جيّداً وأنّنا التقينا قبل الآن.

شعرتُ بخجلٍ شديد، غرزتُ ساقيَّ العاريتين تحت الماء أكثر وضممتُ يديّ إلى صدري لأستر الأجزاء المكشوفة منه قدر المستطاع.

أوماً برأسه وهو يتفحّصني بجرأةٍ ثمّ دعاني مرّةً أخرى للنهوض، فكّرتُ للحظةٍ أن أهرب لكنّني عجزتُ وكأنّ شيئاً ما يتحكّم بحركتي!

أرخيتُ كفّي على كفّه الممدودة ثمّ وقفتُ بهدوء، أخذ يمرّر رؤوس أصابعه فوق وجنتيّ اللّتَين احمرّتا خجلاً، أمسكَ ذراعي بكفّه وجذبني بقوّةٍ إليه، أخذ قلبي ينبض بسرعةٍ وأنفاسي تتسارع، وكلّما شدّني إليه أكثر تصاعدتْ تنهّداتي أكثر إلى أن صرختُ فجأةً ثمّ فتحتُ عينيّ فرأيتُ تفاصيل غرفتي أمامي.

حدّقتُ مباشرة باتّجاه الخزانة فرأيت بابها مفتوحاً، نهضتُ من سريري وركضتُ بسرعة نحوها، الغريب في الأمر أنّ هناك ثياباً مرميّةً بفوضى على أرضها وأخرى ما زالت معلّقةً على المشاجب! ظهر الضوء نفسه من بينها، سترتُ جسدي، دخلتُ الحفرة المضيئة التي بدأ حجمها يتضخّم تدريجيّاً.

مشيتُ كثيراً هذه المرّة ربّما أكثر من المرّة السابقة، وما إن انكشفتِ الصورة أمامي، حتّى ظهرت البحيرة نفسها إلّا أنّ مياهها هذه المرّة لم تكن صافية أبداً، بل كان لونها أحمرَ عكراً، والرَّجُل نفسه يقف أمامها يتناول من الرمل حصىً ثمّ يرميها في عمق الماء، فيزداد لونها الأحمر حتّى يصبح قاتماً، شعرتُ بالريبة من هذا المشهد المرعب.

انتبَهَ إلى وجودي، نظرَ نحوي وبدأ يتقدّم باتّجاهي ببطء، كانت نظراته تدعو للقلق.

حين اقترب منّي شعرتُ بخوفٍ أكثر، ابتسمَ في وجهي ابتسامةً خبيثةً ثمّ ضحك ضحكة هستيريّةً شرّيرةً برزتْ من خلفها أنيابُه، كانت طويلةً وحادّة تلمع حوافُّها كسكّينٍ جاهزةٍ للنَّحر، أدرتُ ظهري له وبدأت أركض بأقصى سرعة.

هربتُ باتّجاه المنزل من الطريق نفسه وأنا أصرخ بأعلى صوتي حتّى وصلتُ إلى الحفرة التي خرجتُ منها، دخلتُ من خلالها إلى غرفتي، أغلقتُ الباب خلفي جيّداً، ارتميتُ بجسدي المنهك على السرير وارتجافات الخوف تسيطر على كل جزء منه، مع ما تبقّى من أنفاسٍ تكاد من سرعتها أن تتوقّف وأنا أتخبّط بأفكاري المجنونة، أفكّر في ذلك الرجل وفي الأحداث الغريبة التي أشعر أنّها حدثتْ فعلاً. نظرتُ إلى الفتحة العجيبة التي ما تزال تضيء، نهضتُ من مكاني كالممسوسة، أقفلتُ باب الخزانة بإحكام وعاهدتُ نفسي ألّا أفتحه ثانيةً، عدتُ إلى السرير بشيءٍ من الاطمئنان، أغمضتُ عينيَّ استعداداً لنومٍ عميقٍ بعد هذه الليلة الطويلة المرهِقة.

قبل أن أغفو بقليلٍ شعرتُ بضوءٍ يخترق عينيّ بشدّةٍ، حاولتُ فتحهما بصعوبةٍ بالغةٍ فوجدتُ بقعة الضوء اللعينة قد خرجت من الخزانة، وبدأتْ تمتدّ بحجمها أكثر حتّى بلغتْ حجم الحائط كلّه، أرعبني المنظر كثيراً، ماذا سأفعل بتلك الفتحة الملعونة التي تترصّدني هكذا؟! أحضرتُ النجّار وطلبتُ منه أن يضع حاجزاً

خشبياً مثبَّتاً بمسامير قويّةٍ ليسدَّ به الخزانة على طول الحائط، قام بعمله وعلامات الاستغراب تعلو وجهه.

عدتُ لسريري بعد انتهائه والنعاس اللذيذ يدور في رأسي كسرب نملٍ يدخل إلى وكره، سأنام بعمقٍ هذه المرّة. وأنا أغمض، بدأ اللوح الخشبيّ الكبير يتحوّل إلى فتحة ضوءٍ تكبر أكثر، فأكثر، فأكثر.. أمامي، على يميني، على يساري، خلفي، على الأرض، على السقف، كلّ ما حولي تحوّل إلى فتحةٍ كبيرةٍ تبتلعتني كأنّي فأرٌ صغيرٌ وقع في حفرةٍ عميقةٍ لا يقوى على الحركة أو الهرب.

استسلمتُ وبقيتُ داخلها، أنا الآن في عالم آخر.. عالم الخيال، لا يعرف النوم سبيلاً إلى عيني، ولا قيمةَ للوقت فيه، يمرّ بي أشخاصٌ غرباء، أواجه أحداثاً عجيبةً لا تخطر على بال أحد.. أراقبها، أعيشها وأكتبها على شكل قصصٍ خياليّة، بطلتُها امرأةٌ كانتْ تحاول الهرب من القلق يوماً ما.

فهرس

www.ingramcontent.com/pod-product-compliance
Lightning Source LLC
Chambersburg PA
CBHW021347160726
47994CB00007B/2869